Impressum
Verlag: BABADADA GmbH, Nedderfeld 112 , 22529 Hamburg
Geschäftsführer / Verlagsleitung: Harald Hof
Druck: Books on Demand GmbH, In de Tarpen 42, 22848 Norderstedt

Imprint
Publisher: BABADADA GmbH, Nedderfeld 112 , 22529 Hamburg, Germany
Managing Director / Publishing direction: Harald Hof
Print: Books on Demand GmbH, In de Tarpen 42, 22848 Norderstedt

διαιρώ
divide

186/2

πίνακας
board

σχολική τάξη
classroom

σχολική αυλή
school yard

δάσκαλος
teacher

χαρτί
paper

γράφω
write

στυλό
pen

γραφείο
desk

χάρακας
ruler

βιβλίο
book

μαθητής
pupil

σχολική τσάντα
....
satchel

κασετίνα/ μολυβοθήκη
....
pencil case

μολύβι
....
pencil

ξύστρα
....
pencil sharpener

γόμα
....
rubber

μπλοκ ζωγραφικής
....
drawing pad

ζωγραφική

drawing

πινέλο

paintbrush

κουτί χρωμάτων

paint box

ψαλίδι

scissors

κόλλα

glue

τετράδιο ασκήσεων

exercise book

εργασία για το σπίτι

homework

αριθμός

number

2+2

προσθέτω

add

5-2

αφαιρώ

subtract

πολλαπλασιάζω

multiply

υπολογίζω

calculate

A

γράμμα

letter

αλφάβητο

alphabet

λέξη

word

κείμενο

text

διαβάζω

read

κιμωλία

chalk

μάθημα

lesson

εγγράφομαι

register

τεστ

exam

πιστοποιητικό

certificate

μαθητική στολή

school uniform

εκπαίδευση

education

εγκυκλοπαίδεια

encyclopedia

πανεπιστήμιο

university

μικροσκόπιο

microscope

χάρτης

map

καλάθι αχρήστων

paper bin

ξενοδοχείο
hotel

Grand

ξενώνας
hostel

ROOMS

ανταλλακτήρια συναλλάγματος
bureau de change

ECHANGE

βαλίτσα
suitcase

αυτοκίνητο
car

γλώσσα
language

ναι / όχι
yes / no

εντάξει
Okay

γεια σου
hello

μεταφραστής
translator

Ευχαριστώ
Thank you

πόσο κάνει ;

how much does ... cost?

Δε καταλαβαίνω

I do not understand

πρόβλημα

problem

Καλησπέρα!

Good evening!

Καλημέρα!

Good morning!

Καληνύχτα!

Good night!

Αντίο

bye bye

κατεύθυνση

direction

αποσκευές

luggage

τσάντα

bag

σακίδιο πλάτης

backpack

καλεσμένος

guest

δωμάτιο

room

υπνόσακος

sleeping bag

σκηνή

tent

τουριστικές πληροφορίες

tourist information

παραλία

beach

πιστωτική κάρτα

credit card

πρωινό

breakfast

μεσημεριανό

lunch

δείπνο

dinner

εισιτήριο

ticket

ανελκυστήρας

lift

γραμματόσημο

stamp

σύνορα

border

τελωνείο

customs

πρεσβεία

embassy

βίζα

visa

διαβατήριο

passport

ταξίδι - travel

αεροπλάνο
aeroplane

πλοίο
ship

πυροσβεστικό όχημα
fire engine

λεωφορείο
bus

φορτηγό
truck

μηχανοκίνητο σκάφος
motorboat

ποδήλατο
bike

αυτοκίνητο
car

φεριμπότ
....
ferry

βάρκα
....
boat

μοτοσικλέτα
....
motorbike

περιπολικό
....
police car

αγωνιστικό αυτοκίνητο
....
racing car

ενοικιαζόμενο αυτοκίνητο
....
rental car

διαμοιρασμός αυτοκινήτων

car sharing

γερανός

breakdown truck

απορριμματοφόρο

refuse truck

κινητήρας

motor

καύσιμο

fuel

βενζινάδικο

petrol station

πινακίδα σήμανσης

traffic sign

κυκλοφορία

traffic

κυκλοφοριακή συμφόρηση

traffic jam

χώρος στάθμευσης

car park

σιδηροδρομικός σταθμός

train station

σιδηροδρομικές γραμμές

tracks

τρένο

train

τραμ

tram

βαγόνι

carriage

ελικόπτερο
helicopter

αεροδρόμιο
airport

πύργος
tower

επιβάτης
passenger

εμπορευματοκιβώτιο
container

χαρτοκιβώτιο
carton

καρότσι
cart

καλάθι
basket

απογειώνομαι /
προσγειόνομαι
take off / land

πόλη
city

χωριό
village

κέντρο της πόλης
city centre

σπίτι
house

σινεμά
cinema

διαφήμιση
advert

λάμπα δρόμου
street light

CINEMA

οδός
street

ταξί
taxi

ψιλικατζίδικο
snack shop

πεζός
pedestrian

πεζοδρόμιο
pavement

διάβαση πεζών
zebra crossing

κάδος απορριμμάτων
bin

διασταύρωση
crossing

φανάρια
traffic lights

καλύβα
hut

διαμέρισμα
flat

σιδηροδρομικός σταθμός
train station

δημαρχείο
town hall

μουσείο
museum

σχολείο
school

πόλη - city

πανεπιστήμιο

university

τράπεζα

bank

νοσοκομείο

hospital

ξενοδοχείο

hotel

φαρμακείο

pharmacy

γραφείο

office

βιβλιοπωλείο

book shop

κατάστημα

shop

ανθοπωλείο

florist's

σούπερ μάρκετ

supermarket

αγορά

market

πολυκατάστημα

department store

ιχθυοπωλείο

fishmonger's

εμπορικό κέντρο

shopping centre

λιμάνι

harbour

πάρκο

park

παγκάκι

bench

γέφυρα

bridge

σκάλες

stairs

μετρό

underground

τούνελ

tunnel

στάση λεωφορείου

bus stop

μπαρ

bar

εστιατόριο

restaurant

γραμματοκιβώτιο

postbox

πινακίδα δρόμου

road sign

παρκόμετρο

parking meter

ζωολογικός κήπος

zoo

πισίνα

swimming pool

τζαμί

mosque

αγρόκτημα

farm

ρύπανση

pollution

νεκροταφείο

graveyard

εκκλησία

church

παιδική χαρά

playground

ναός

temple

τοπίο
landscape

φύλλο
leaf

πινακίδα κατεύθυνσης
signpost

δρόμος
way

λιβάδι
meadow

πέτρα
stone

πεζοπόρος
hiker

δέντρο
tree

ποτάμι
river

χορτάρι
grass

λουλούδι
flower

κοιλάδα

valley

λόφος

hill

λίμνη

lake

δάσος

forest

έρημος

desert

ηφαίστειο

volcano

κάστρο

castle

ουράνιο τόξο

rainbow

μανιτάρι

mushroom

φοίνικας

palm tree

κουνούπι

mosquito

μύγα

fly

μυρμήγκι

ant

μέλισσα

bee

αράχνη

spider

σκαθάρι

beetle

βάτραχος

frog

σκίουρος

squirrel

σκαντζόχοιρος

hedgehog

λαγός

hare

κουκουβάγια

owl

πουλί

bird

κύκνος

swan

αγριογούρουνο

boar

ελάφι

deer

άλκη

moose

φράγμα

dam

ανεμογεννήτρια

wind turbine

ηλιακός συλλέκτης

solar panel

κλίμα

climate

σερβιτόρος
waiter

κατάλογος
menu

καρέκλα
chair

σούπα
soup

πίτσα
pizza

τραπεζομάντιλο
tablecloth

μαχαιροπίρουνα
cutlery

ορεκτικό

starter

κύριο πιάτο

main course

επιδόρπιο

dessert

ποτά

drinks

φαγητό

food

μπουκάλι

bottle

φαστ φουντ
fast food

φαγητό στ' όρθιο
street food

τσαγιέρα
teapot

δοχείο ζάχαρης
sugar bowl

μερίδα
portion

μηχανή εσπρέσο
espresso machine

ψηλή καρέκλα
high chair

λογαριασμός
bill

δίσκος
tray

μαχαίρι
knife

πιρούνι
fork

κουτάλι
spoon

κουταλάκι του τσαγιού
teaspoon

πετσέτα φαγητού
serviette

ποτήρι
glass

πιάτο

plate

πιάτο σούπας

soup plate

πιατάκι φλιτζανιού

saucer

σάλτσα

sauce

αλατιέρα

salt cellar

μύλος για πιπέρι

pepper mill

ξύδι

vinegar

λάδι

oil

μπαχαρικά

spices

κέτσαπ

ketchup

μουστάρδα

mustard

μαγιονέζα

mayonnaise

προσφορά
special offer

πελάτης
customer

γαλακτοκομικά προϊόντα
dairy

φρούτα
fruit

καρότσι για ψώνια
trolley

κρεοπωλείο

butcher´s

φούρνος

baker´s

ζυγίζω

weigh

λαχανικά

vegetables

κρέας

meat

κατεψυγμένα τρόφιμα

frozen food

αλλαντικά

cold meat

κονσερβοποιημένη τροφή

tinned food

απορρυπαντικό ρούχων

washing powder

γλυκά

sweets

οικιακά είδη

household products

καθαριστικά προϊόντα

cleaning products

πωλήτρια

salesperson

ταμείο

till

ταμίας

cashier

λίστα για ψώνια

shopping list

ωράριο λειτουργίας

opening hours

πορτοφόλι

wallet

πιστωτική κάρτα

credit card

τσάντα

bag

πλαστική σακούλα

plastic bag

σούπερ μάρκετ - supermarket

νερό

water

χυμός

juice

γάλα

milk

κόκα κόλα

coke

κρασί

wine

μπίρα

beer

αλκοόλ

alcohol

κακάο

cocoa

τσάι

tea

καφές

coffee

εσπρέσο

espresso

καπουτσίνο

cappuccino

μπανάνα

banana

μήλο

apple

πορτοκάλι

orange

πεπόνι

melon

λεμόνι

lemon

καρότο

carrot

σκόρδο

garlic

μπαμπού

bamboo

κρεμμύδι

onion

μανιτάρι

mushroom

ξηροί καρποί

nuts

νουντλς

noodles

μακαρόνια

spaghetti

ρύζι

rice

σαλάτα

salad

πατατάκια

chips

τηγανητές πατάτες

fried potatoes

πίτσα

pizza

χάμπουργκερ

hamburger

σάντουιτς

sandwich

κοτολέτα

cutlet

ζαμπόν

ham

σαλάμι

salami

λουκάνικο

sausage

κοτόπουλο

chicken

ψητό

roast

ψάρι

fish

φαγητό - food

χυλός βρώμης

porridge oats

μούσλι

muesli

κορν φλέικς

cornflakes

αλεύρι

flour

κρουασάν

croissant

ψωμάκι

bread roll

ψωμί

bread

τοστ

toast

μπισκότα

biscuits

βούτυρο

butter

τυρόπηγμα

curd

κέικ

cake

αυγό

egg

τηγανητό αυγό

fried egg

τυρί

cheese

παγωτό

ice cream

ζάχαρη

sugar

μέλι

honey

μαρμελάδα

jam

άλλειμμα σοκολάτας

chocolate spread

κάρυ

curry

φαγητό - food

αγρόσπιτο
farmhouse

αχυρώνας
barn

δεμάτι άχυρου
straw bale

χωράφι
field

αλόγο
horse

ρυμουλκούμενο
trailer

πουλάρι
foal

τρακτέρ
tractor

γάιδαρος
donkey

αρνί
lamb

πρόβατο
sheep

κατσίκα

goat

αγελάδα

cow

μοσχαράκι

calf

γουρούνι

pig

γουρουνάκι

piglet

ταύρος

bull

χήνα

goose

πάπια

duck

κοτοπουλάκι

chick

κότα

hen

κόκορας

cock

αρουραίος

rat

γάτα

cat

ποντίκι

mouse

βόδι

ox

σκύλος

dog

σπιτάκι σκύλου

doghouse

λάστιχο κήπου

garden hose

ποτιστήρι

watering can

θεριστήρι

scythe

αλέτρι

plough

δρεπάνι

sickle

τσάπα

hoe

δίκρανο

pitchfork

τσεκούρι

axe

χειράμαξα

wheelbarrow

ταΐστρα

trough

δοχείο γάλακτος

milk can

σάκος

sack

φράχτης

fence

στάβλος

stable

θερμοκήπιο

greenhouse

έδαφος

soil

σπόρος

seed

λίπασμα

fertilizer

θεριζοαλωνιστική μηχανή

combine harvester

αγρόκτημα - farm

θερίζω

harvest

συγκομιδή

harvest

γιαμς

yams

σιτάρι

wheat

σόγια

soy

πατάτα

potato

καλαμπόκι

corn

κράμβη

rapeseed

οπωροφόρο δέντρο

fruit tree

μανιόκα

cassava

δημητριακά

cereals

καμινάδα
chimney

στέγη
roof

υδρορροή
drain pipe

παράθυρο
window

γκαράζ
garage

κουδούνι
doorbell

πόρτα
door

σκουπιδοτενεκές
rubbish bin

γραμματοκιβώτιο
letterbox

κήπος
garden

σαλόνι

living room

μπάνιο

bathroom

κουζίνα

kitchen

υπνοδωμάτιο

bedroom

παιδικό δωμάτιο

child's room

τραπεζαρία

dining room

πάτωμα

floor

τοίχος

wall

οροφή

ceiling

κελάρι

cellar

σάουνα

sauna

μπαλκόνι

balcony

βεράντα

terrace

πισίνα

pool

μηχανή του γκαζόν

lawn mower

σεντόνι

sheet

κάλυμμα κρεβατιού

bedspread

κρεβάτι

bed

σκούπα

broom

κουβάς

bucket

διακόπτης

switch

ταπετσαρία
wallpaper

φωτογραφία
picture

λάμπα
lamp

ράφι
shelf

ντουλάπι
cupboard

τζάκι
fireplace

τηλεόραση
television

λουλούδι
flower

μαξιλάρι
cushion

καναπές
sofa

βάζο
vase

τηλεκοντρόλ
remote control

χαλί
carpet

κουρτίνα
curtain

τραπέζι
table

καρέκλα
chair

κουνιστή πολυθρόνα
rocking chair

πολυθρόνα
armchair

βιβλίο

book

κουβέρτα

blanket

διακόσμηση

decoration

καυσόξυλα

firewood

ταινία

film

στερεοφωνικό σύστημα

hi-fi equipment

κλειδί

key

εφημερίδα

newspaper

πίνακας ζωγραφικής

painting

αφίσα

poster

ραδιόφωνο

radio

σημειωματάριο

notepad

ηλεκτρική σκούπα

hoover

κάκτος

cactus

κερί

candle

φούρνος μικροκυμάτων
microwave oven

ψυγείο
fridge

ζυγαριά κουζίνας
kitchen scales

τοστιέρα
toaster

απορρυπαντικό
detergent

φούρνος
oven

κατάψυξη
freezer

σκουπιδοτενεκές
rubbish bin

πλυντήριο πιάτων
dishwasher

κουζίνα
cooker

κατσαρόλα
pot

μαντεμένια κατσαρόλα
cast-iron pot

γουόκ/καντάι
wok / kadai

τηγάνι
pan

βραστήρας
kettle

ατμομάγειρας

steamer

ταψί

baking tray

πιατικά

crockery

κούπα

mug

μπολ

bowl

ξυλάκια

chopsticks

κουτάλα

ladle

σπάτουλα

spatula

ανακατεύω

whisk

σουρωτήρι

strainer

σουρωτηράκι

sieve

τρίφτης

grater

γουδί

mortar

ψησταριά

barbecue

ανοιχτή φωτιά

open fire

σανίδα κοπής

chopping board

πλάστης

rolling pin

ανοιχτήρι φελλών

corkscrew

κονσέρβα

can

ανοιχτήρι κονσέρβας

can opener

γάντι φούρνου

pot holder

νεροχύτης

sink

βούρτσα

brush

σφουγγάρι

sponge

μπλέντερ

blender

καταψύκτης

deep freezer

μπιμπερό

baby bottle

βρύση

tap

θέρμανση
heating

ντους
shower

πετσέτα
towel

κουρτίνα ντουζ
shower curtain

αφρόλουτρο
bubble bath

μπανιέρα
bathtub

ποτήρι
glass

πλυντήριο ρούχων
washing machine

βρύση
tap

πλακάκια
tiles

γιογιό
potty

νεροχύτης
sink

τουαλέτα
toilet

τούρκικη τουαλέτα
squat toilet

μπιντές
bidet

ουρητήριο
urinal

χαρτί υγείας
toilet paper

πιγκάλ
toilet brush

οδοντόβουρτσα

toothbrush

οδοντόκρεμα

toothpaste

οδοντικό νήμα

dental floss

πλένω

wash

τηλέφωνο ντους

handheld shower

ντουσιέρα

douche

λεκάνη

basin

βούρτσα πλάτης

back brush

σαπούνι

soap

αφρόλουτρο

shower gel

σαμπουάν

shampoo

φανέλα

flannel

σιφόνι

drain

κρέμα

cream

αποσμητικό

deodorant

καθρέφτης

mirror

καθρέφτης χειρός

hand mirror

ξυραφάκι

razor

αφρός ξυρίσματος

shaving foam

αφτερσέιβ

aftershave

χτένα

comb

βούρτσα

brush

σεσουάρ

hair dryer

λακ

hairspray

μακιγιάζ

makeup

κραγιόν

lipstick

βερνίκι νυχιών

nail varnish

βαμβάκι

cotton wool

ψαλίδι νυχιών

nail scissors

άρωμα

perfume

νεσεσέρ

washbag

σκαμπό

stool

ζυγαριά

weighing scale

μπουρνούζι

bathrobe

ελαστικά γάντια

rubber gloves

ταμπόν

tampon

πετσέτα υγιεινής

sanitary towel

χημική τουαλέτα

chemical toilet

ξυπνητήρι
alarm clock

λούτρινο ζωάκι
cuddly toy

αυτοκινητάκι
toy car

κουδουνίστρα
rattle

κουκλόσπιτο
doll's house

δώρο
present

μπαλόνι
balloon

κρεβάτι
bed

καροτσάκι
pram

τράπουλα
deck of cards

παζλ
jigsaw

κόμικς
comic

τουβλάκια lego

lego bricks

τουβλάκια κατασκευών

building blocks

φιγούρα δράσης

action figure

βρεφικό φορμάκι

romper suit

φρίσμπι

Frisbee

μόμπιλο

mobile

επιτραπέζιο παιχνίδι

board game

ζάρια

dice

σετ τρενάκι

model train set

πιπίλα

dummy

πάρτι

party

εικονογραφημένο βιβλίο

picture book

μπάλα

ball

κούκλα

doll

παίζω

play

σκάμμα με άμμο

sandpit

κούνια

swing

παιχνίδια

toys

κονσόλα βιντεοπαιχνιδιών

video game console

τρίκυκλο

tricycle

αρκουδάκι

teddy bear

ντουλάπα

wardrobe

ρούχα
clothing

κάλτσες

socks

καλτσοδέτες

stockings

καλσόν

tights

κασκόλ
scarf

ομπρέλα
umbrella

μπλουζάκι
t-shirt

ζώνη
belt

μπότες
boots

παντόφλες
slippers

αθλητικά παπούτσια
trainers

σανδάλια
sandals

παπούτσια
shoes

γαλότσες
rubber boots

εσώρουχο
underpants

σουτιέν
bra

φανέλα
vest

σώμα

body

παντελόνι

trousers

τζιν παντελόνι

jeans

φούστα

skirt

μπλούζα

blouse

πουκάμισο

shirt

πουλόβερ

pullover

πουλόβερ

hoodie

σακάκι

blazer

μπουφάν

jacket

παλτό

coat

αδιάβροχο πανωφόρι

raincoat

κοστούμι

costume

φόρεμα

dress

νυφικό

wedding dress

κοστούμι

suit

νυχτικό

nightgown

πιτζάμες

pyjamas

σάρι

sari

μαντήλι

headscarf

τουρμπάνι

turban

μπούρκα

burqa

καφτάνι

kaftan

μουσουλμανικό ένδυμα

abaya

ολόσωμο μαγιό

swimsuit

ανδρικό μαγιό

trunks

σορτς

shorts

αθλητική φόρμα

tracksuit

ποδιά

apron

γάντια

gloves

κουμπί

button

γυαλιά

glasses

βραχιόλι

bracelet

περιδέραιο

necklace

δαχτυλίδι

ring

σκουλαρίκι

earring

καπέλο

cap

κρεμάστρα

coat hanger

καπέλο

hat

γραβάτα

tie

φερμουάρ

zipper

κράνος

helmet

τιράντες

braces

μαθητική στολή

school uniform

στολή

uniform

σαλιάρα

bib

πιπίλα

dummy

πάνα

nappy

γραφείο
office

αρχειοθήκη
filing cabinet

σέρβερ
server

εκτυπωτής
printer

οθόνη
monitor

χαρτί
paper

γραφείο
desk

ποντίκι
mouse

ντοσιέ
folder

πληκτρολόγιο
keyboard

καλάθι αχρήστων
paper bin

υπολογιστής
computer

καρέκλα
chair

κούπα του καφέ

coffee mug

κομπιουτεράκι

calculator

ίντερνετ

internet

λάπτοπ

laptop

γράμμα

letter

μήνυμα

message

κινητό

mobile

δίκτυο

network

φωτοτυπικό μηχάνημα

photocopier

λογισμικό

software

τηλέφωνο

telephone

πρίζα

plug socket

συσκευή φαξ

fax machine

έντυπο

form

έγγραφο

document

αγοράζω

buy

πληρώνω

pay

συναλλάσσομαι

trade

χρήματα

money

δολάριο

dollar

ευρώ

euro

γιεν

yen

ρούβλι

rouble

ελβετικό φράγκο

Swiss franc

ρενμίνμπι γιουάν

renminbi yuan

ρουπία

rupee

ATM (αυτόματη ταμειακή μηχανή)

cashpoint

ανταλλακτήρια
συναλλάγματος

bureau de change

χρυσός

gold

ασήμι

silver

πετρέλαιο

oil

ενέργεια

energy

τιμή

price

συμβόλαιο

contract

φόρος

tax

μετοχή

stock

δουλεύω

work

υπάλληλος

employee

εργοδότης

employer

εργοστάσιο

factory

κατάστημα

shop

αστυνόμος
police officer

πυροσβέστης
fireman

μάγειρας
cook

γιατρός
doctor

πιλότος
pilot

κηπουρός

gardener

ξυλουργός

carpenter

μοδίστρα

seamstress

δικαστής

judge

χημικός

chemist

ηθοποιός

actor

οδηγός λεωφορείου

bus driver

ταξιτζής

taxi driver

ψαράς

fisherman

καθαρίστρια

cleaning lady

τεχνίτης στεγών

roofer

σερβιτόρος

waiter

κυνηγός

hunter

ζωγράφος

painter

αρτοποιός

baker

ηλεκτρολόγος

electrician

οικοδόμος

builder

μηχανολόγος

engineer

κρεοπώλης

butcher

υδραυλικός

plumber

ταχυδρόμος

postman

στρατιώτης

soldier

αρχιτέκτονας

architect

ταμίας

cashier

ανθοπώλης

florist

κομμωτής

hairdresser

ελεγκτής εισιτηρίων

conductor

μηχανικός

mechanic

καπετάνιος

captain

οδοντίατρος

dentist

επιστήμονας

scientist

ραβίνος

rabbi

ιμάμης

imam

μοναχός

monk

ιερέας

clergyman

σφυρί
hammer

πένσα
pliers

κατσαβίδι
screwdriver

Γαλλικό κλειδί
spanner

φακός
torch

εκσκαφέας
digger

εργαλειοθήκη
toolbox

σκάλα
ladder

πριόνι
saw

καρφιά
nails

τρυπάνι
drill

επισκευάζω

repair

φτυάρι

shovel

Να πάρει!

Damn!

φαράσι

dustpan

δοχείο χρωμάτων

paint pot

βίδες

screws

μουσικά όργανα
musical instruments

μεγάφωνο
loudspeaker

ντραμς
drum kit

κοντραμπάσο
double bass

τρομπέτα
trumpet

κιθάρα
guitar

πιάνο

piano

βιολί

violin

μπάσο

bass

τύμπανα

timpani

τύμπανο

drums

πλήκτρα

keyboard

σαξόφωνο

saxophone

φλάουτο

flute

μικρόφωνο

microphone

τίγρης
tiger

είσοδος
entrance

κλουβί
cage

ζέβρα
zebra

ζωοτροφή
animal feed

πάντα
panda

ζώα
animals

ελέφαντας
elephant

καγκουρό
kangaroo

ρινόκερος
rhino

γορίλας
gorilla

αρκούδα
bear

καμήλα

camel

στρουθοκάμηλος

ostrich

λιοντάρι

lion

πίθηκος

monkey

φλαμίνγκο

flamingo

παπαγάλος

parrot

πολική αρκούδα

polar bear

πιγκουίνος

penguin

καρχαρίας

shark

παγώνι

peacock

φίδι

snake

κροκόδειλος

crocodile

φύλακας ζωολογικού κήπου

zookeeper

φώκια

seal

τζάγκουαρ

jaguar

πόνυ

pony

λεοπάρδαλη

leopard

ιπποπόταμος

hippo

καμηλοπάρδαλη

giraffe

αετός

eagle

αγριογούρουνο

boar

ψάρι

fish

χελώνα

turtle

θαλάσσιος ίππος

walrus

αλεπού

fox

γαζέλα

gazelle

Αμερικάνικο ποδόσφαιρο
American football

ποδηλασία
cycling

αντισφαίριση
tennis

μπάσκετ
basketball

κολύμβηση
swimming

πυγχαμία
boxing

χόκεϋ επί πάγου
ice hockey

ποδόσφαιρο
football

μπάντμιντον
badminton

στίβος
athletics

χάντμπολ
handball

σκι
skiing

πόλο
polo

πηδάω
jump

αγκαλιάζω
hug

γελάω
laugh

περπατάω
walk

τραγουδάω
sing

ονειρεύομαι
dream

προσεύχομαι
pray

φιλάω
kiss

γράφω

write

σχεδιάζω

draw

δείχνω

show

πιέζω

push

δίνω

give

παίρνω

take

έχω

have

κάνω

do

είμαι

be

στέκομαι

stand

τρέχω

run

τραβάω

pull

ρίχνω

throw

πέφτω

fall

ξαπλώνω

lie

περιμένω

wait

κουβαλώ

carry

κάθομαι

sit

φοράω

get dressed

κοιμάμαι

sleep

ξυπνάω

wake up

δραστηριότητες - activities

κοιτάω

look at

κλαίω

cry

χαϊδεύω

stroke

χτενίζω

comb

μιλάω

talk

καταλαβαίνω

understand

ρωτάω

ask

ακούω

listen

πίνω

drink

τρώω

eat

συγυρίζω

tidy up

αγαπάω

love

μαγειρεύω

cook

οδηγώ

drive

πετάω

fly

κάνω ιστιοπλοΐα

sail

υπολογίζω

calculate

διαβάζω

read

μαθαίνω

learn

δουλεύω

work

παντρεύομαι

marry

ράβω

sew

βουρτσίζω τα δόντια

brush teeth

σκοτώνω

kill

καπνίζω

smoke

στέλνω

send

γιαγιά
grandmother

παππούς
grandfather

πατέρας
father

μητέρα
mother

μωρό
baby

κόρη
daughter

γιος
son

καλεσμένος
guest

θεία
aunt

θείος
uncle

αδελφός
brother

αδελφή
sister

μέτωπο
forehead

μάτι
eye

ώμος
shoulder

δάχτυλο
finger

πρόσωπο
face

πιγούνι
chin

χέρι
hand

στήθος
breast

πόδι
leg

βραχίονας
arm

μωρό
baby

άνδρας
man

γυναίκα
woman

κορίτσι
girl

αγόρι
boy

κεφάλι
head

πλάτη

back

κοιλιά

belly

αφαλός

belly button

δάχτυλο ποδιού

toe

φτέρνα

heel

κόκκαλο

bone

γοφός

hip

γόνατο

knee

αγκώνας

elbow

μύτη

nose

γλουτός

bottom

δέρμα

skin

μάγουλο

cheek

αυτί

ear

χείλος

lip

στόμα

mouth

δόντι

tooth

γλώσσα

tongue

εγκέφαλος

brain

καρδιά

heart

μυς

muscle

πνεύμονας

lung

συκώτι

liver

στομάχι

stomach

νεφρά

kidneys

σεξουαλική επαφή

sex

προφυλακτικό

condom

ωάριο

ovum

σπέρμα

semen

εγκυμοσύνη

pregnancy

σώμα - body

περίοδος

menstruation

γυναικείος κόλπος

vagina

πέος

penis

φρύδι

eyebrow

μαλλιά

hair

λαιμός

neck

νοσοκομείο
hospital

ασθενοφόρο
ambulance

αναπηρικό καροτσάκι
wheelchair

κάταγμα
fracture

γιατρός
doctor

μονάδα εντατικής θεραπείας

emergency room

νοσοκόμα
nurse

έκτακτη ανάγκη
emergency

λιπόθυμος
unconscious

πόνος
pain

τραύμα

injury

αιμορραγία

bleeding

έμφραγμα

heart attack

εγκεφαλικό

stroke

αλλεργία

allergy

βήχας

cough

πυρετός

fever

γρίπη

flu

διάρροια

diarrhoea

πονοκέφαλος

headache

καρκίνος

cancer

διαβήτης

diabetes

χειρουργός

surgeon

νυστέρι

scalpel

εγχείρηση

operation

αξονική τομογραφία

CT

ακτινογραφία

x-ray

υπέρηχος

ultrasound

μάσκα

face mask

ασθένεια

disease

αίθουσα αναμονής

waiting room

πατερίτσα

crutch

χάνσαπλαστ

plaster

επίδεσμος

bandage

ένεση

injection

στηθοσκόπιο

stethoscope

φορείο

stretcher

θερμόμετρο

clinical thermometer

γέννηση

birth

υπέρβαρο

overweight

ακουστικό βαρηκοΐας

hearing aid

αντισηπτικό

disinfectant

λοίμωξη

infection

ιός

virus

HIV/AIDS

HIV / AIDS

φάρμακο

medicine

εμβολιασμός

vaccination

δισκία

tablets

χάπι

pill

κλήση έκτακτης ανάγκης

emergency call

πιεσόμετρο αίματος

blood pressure monitor

άρρωστος / υγιής

sick / healthy

Βοήθεια!

Help!

συναγερμός

alarm

βιαιοπραγία

assault

επίθεση

attack

κίνδυνος

danger

έξοδος κινδύνου

emergency exit

Φωτιά!

Fire!

πυροσβεστήρας

fire extinguisher

ατύχημα

accident

κουτί πρώτων βοηθειών

first-aid kit

SOS

SOS

αστυνομία

police

Ευρώπη

Europe

Βόρεια Αμερική

North America

Νότια Αμερική

South America

Αφρική

Africa

Ασία

Asia

Αυστραλία

Australia

Ατλαντικός Ωκεανός

Atlantic

Ειρηνικός Ωκεανός

Pacific

Ινδικός Ωκεανός

Indian Ocean

Ανταρκτικός Ωκεανός

Antarctic Ocean

Αρκτικός Ωκεανός

Arctic Ocean

Βόρειος Πόλος

North Pole

Νότιος Πόλος

South Pole

Ανταρκτική

Antarctica

Γη

Earth

γη

land

θάλασσα

sea

νησί

island

έθνος

nation

πολιτεία

state

καντράν ρολογιού

clock face

ωροδείκτης

hour hand

λεπτοδείκτης

minute hand

δείκτης δευτερολέπτων

second hand

Τι ώρα είναι;

What time is it?

ημέρα

day

χρόνος

time

τώρα

now

ψηφιακό ρολόι

digital watch

λεπτό

minute

ώρα

hour

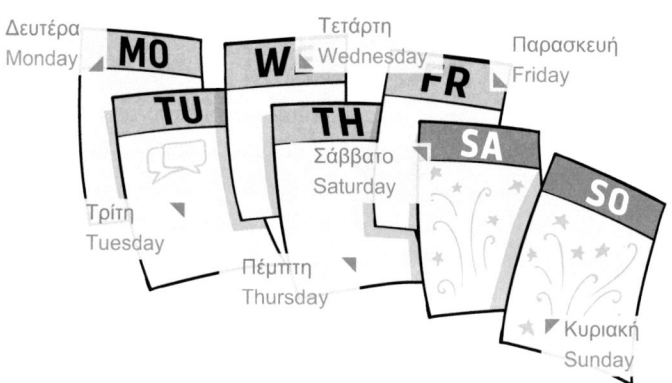

Δευτέρα
Monday

Τετάρτη
Wednesday

Παρασκευή
Friday

Τρίτη
Tuesday

Σάββατο
Saturday

Πέμπτη
Thursday

Κυριακή
Sunday

χθες

yesterday

σήμερα

today

αύριο

tomorrow

πρωί

morning

μεσημέρι

noon

βράδυ

evening

MO	TU	WE	TH	FR	SA	SU
1	2	3	4	5	6	7
8	9	10	11	12	13	14
15	16	17	18	19	20	21
22	23	24	25	26	27	28
29	30	31	1	2	3	4

εργάσιμες ημέρες

business days

MO	TU	WE	TH	FR	SA	SU
1	2	3	4	5	6	7
8	9	10	11	12	13	14
15	16	17	18	19	20	21
22	23	24	25	26	27	28
29	30	31	1	2	3	4

Σαββατοκύριακο

weekend

βροχή
rain

ουράνιο τόξο
rainbow

άνεμος
wind

χιόνι
snow

άνοιξη
spring

φθινόπωρο
autumn

καλοκαίρι
summer

χειμώνας
winter

πρόγνωση καιρού

weather forecast

θερμόμετρο

thermometer

λιακάδα

sunshine

σύννεφο

cloud

ομίχλη

fog

υγρασία

humidity

αστραπή

lightning

κεραυνός

thunder

καταιγίδα

storm

χαλάζι

hail

μουσώνας

monsoon

πλημμύρα

flood

πάγος

ice

Ιανουάριος

January

Φεβρουάριος

February

Μάρτιος

March

Απρίλιος

April

Μάιος

May

Ιούνιος

June

Ιούλιος

July

Αύγουστος

August

έτος - year

Σεπτέμβριος

September

Οκτώβριος

October

Νοέμβριος

November

Δεκέμβριος

December

σχήματα
shapes

κύκλος

circle

τετράγωνο

square

ορθογώνιο
παραλληλόγραμμο
rectangle

τρίγωνο

triangle

σφαίρα

sphere

κύβος

cube

άσπρο

white

κίτρινο

yellow

πορτοκαλί

orange

ροζ

pink

κόκκινο

red

μωβ

purple

μπλε

blue

πράσινο

green

καφέ

brown

γκρι

grey

μαύρο

black

πολύ / λίγο

a lot / a little

θυμωμένος / ήρεμος

angry / calm

όμορφος / άσχημος

beautiful / ugly

αρχή / τέλος

beginning / end

μεγάλος / μικρός

big / small

φωτεινός / σκοτεινός

bright / dark

αδελφός / αδελφή

brother / sister

καθαρός / λερωμένος

clean / dirty

πλήρης / ατελής

complete / incomplete

ημέρα / νύχτα

day / night

νεκρός / ζωντανός

dead / alive

φαρδύς / στενός

wide / narrow

βρώσιμος / μη βρώσιμος

edible / inedible

κακός / ευγενικός

evil / nice

ενθουσιασμένος /
βαριεστημένος

excited / bored

παχύς / λεπτός

fat / thin

πρώτος / τελευταίος

first / last

φίλος / εχθρός

friend / enemy

γεμάτος / άδειος

full / empty

σκληρός / μαλακός

hard / soft

βαρύς / ελαφρύς

heavy / light

πείνα / δίψα

hunger / thirst

άρρωστος / υγιής

sick / healthy

παράνομος / νόμιμος

illegal / legal

έξυπνος / χαζός

intelligent / stupid

αριστερός / δεξιός

left / right

κοντινός / μακρινός

near / far

αντίθετα - opposites

καινούριος /
μεταχειρισμένος

new / used

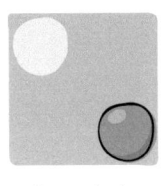

τίποτα / κάτι

nothing / something

γέρος | νέος

old / young

αναμμένος / σβηστός

on / off

ανοιχτός / κλειστός

open / closed

χαμηλόφωνος /
μεγαλόφωνος
quiet / loud

πλούσιος / φτωχός

rich / poor

σωστός / λανθασμένος

right / wrong

τραχύς / λείος

rough / smooth

λυπημένος / χαρούμενος

sad / happy

κοντός / μακρύς

short / long

αργός / γρήγορος

slow / fast

υγρός / στεγνός

wet / dry

ζεστός / δροσερός

warm / cool

πόλεμος / ειρήνη

war / peace

αντίθετα - opposites

0	**1**	**2**
μηδέν	ένα	δύο
zero	one	two

3	**4**	**5**
τρία	τέσσερα	πέντε
three	four	five

6	**7**	**8**
έξι	εφτά	οκτώ
six	seven	eight

9	**10**	**11**
εννιά	δέκα	έντεκα
nine	ten	eleven

12

δώδεκα

twelve

13

δεκατρία

thirteen

14

δεκατέσσερα

fourteen

15

δεκαπέντε

fifteen

16

δεκαέξι

sixteen

17

δεκαεφτά

seventeen

18

δεκαοκτώ

eighteen

19

δεκαεννέα

nineteen

20

είκοσι

twenty

100

εκατό

hundred

1.000

χίλια

thousand

1.000.000

εκατομμύριο

million

Αγγλικά

English

Αμερικάνικα Αγγλικά

American English

Μανδαρίνικα Κινέζικα

Mandarin Chinese

Χίντι

Hindi

Ισπανικά

Spanish

Γαλλικά

French

Αραβικά

Arabic

Ρώσικα

Russian

Πορτογαλικά

Portuguese

Μπενγκάλι

Bengali

Γερμανικά

German

Ιαπωνικά

Japanese

εγώ

I

εσύ

you

αυτός / αυτή / αυτό

he / she / it

εμείς

we

εσείς

you

αυτοί / αυτές / αυτά

they

ποιος / ποια / ποιο;

who?

τι;

what?

πώς;

how?

πού;

where?

πότε;

when?

όνομα

name

πίσω

behind

μέσα

in

μπροστά

in front of

πάνω από

over

πάνω

on

κάτω

under

δίπλα

beside

ανάμεσα

between

μέρος

place